Conni und der Osterhase

Eine Geschichte von Liane Schneider
mit Bildern von Eva Wenzel-Bürger

CARLSEN

„Guck mal! Da! Der Osterhase!", sagt Papa und zeigt zum Fliederbusch. Conni glaubt eigentlich nicht mehr an den Osterhasen. Aber sehen will sie ihn doch. Sie läuft schnell hin.

Leider hoppelt der Hase weg. Schade! „Der sucht bestimmt Verstecke für die Ostereier", meint Papa. Es sind nämlich nur noch zwei Wochen bis Ostern.

Papa und Conni arbeiten im Garten. Papa schneidet überflüssige Zweige von Bäumen und Sträuchern ab. Die sind für das Osterfeuer am Samstag vor Ostern. Conni trägt sie zum Bollerwagen. Sie freut sich schon so auf Ostern!
Papa schneidet ein paar besonders schöne Zweige von der Birke ab. Die steckt Conni in eine Vase.
Jetzt muss der Osterstrauß geschmückt werden. Natürlich mit bemalten Eiern!

Conni holt Eier aus dem Kühlschrank und will gleich anfangen mit dem Bemalen. Da ruft Mama: „Halt! Du musst die Eier erst auspusten!" Mama pikst oben und unten ein Loch in das Ei. Auspusten will Conni selbst. Sie pustet und pustet. Ihr Gesicht wird ganz rot. Aber das Ei will nicht heraus. Und mit einem Mal ist es kaputt.
Beim zweiten Ei klappt es schon besser. Nach dem vierten Ei ist Conni schon ganz schwindelig. Jetzt darf Mama weiter pusten.

Conni malt lieber. Dazu steckt sie die Eier auf Holzstäbchen. Zuerst malt sie mit Wasserfarben lauter bunte Punkte. Einige Eier werden mit Streifen in allen Regenbogenfarben verziert. Auf ein Ei malt Conni mit einem Lackstift goldene Kringel. Schon sind fast keine Eier mehr da. Dabei hat Conni noch so viele Ideen.
„Ich könnte gut ein Osterhase sein“, sagt Conni, „weil ich so viele Eiermuster weiß.“

Mama zeigt ihr einen Trick, wie man die Eier aufhängt.
Sie knotet einen Faden um ein abgebrochenes Streichholz
und schiebt das vorsichtig oben in das Eierloch. Dann
hängen sie die Eier in den Osterstrauß. Schön sieht das aus!

Dann legt Conni ein eigenes Ostergärtchen an – auf der Fensterbank. Mama sagt, sie soll einen kleinen Teller mit nasser Watte auspolstern und Kresse darauf aussäen. In der Mitte lässt Conni etwas Platz frei. Conni glaubt ja nicht, dass auf Watte etwas wächst. Aber sie probiert es. Das sieht aus, als ob man Vogelfutter auf Schnee gestreut hat.

Am nächsten Morgen läuft Conni als Erstes zu ihrem Gärtchen. Es ist noch nichts zu sehen. Conni ist enttäuscht. Auf Watte kann doch nichts wachsen! „Bis Ostern wird es ein richtiger grüner Garten sein", verspricht Mama. Conni weiß nicht, ob sie das glauben soll, aber sie macht die Watte wieder nass.
Am zweiten Tag sieht es aus, als ob kleine weiße Würmchen an den Samen hängen. Und am dritten Tag sieht man endlich winzige grüne Blättchen.
„Mein Garten ist ein richtiger Osteradventskalender", sagt Conni. Jeden Tag sind die Pflanzen ein wenig größer. Und jeden Tag ist Ostern etwas näher gerückt.

Jetzt bastelt Conni noch ein Eierhaus für ihren Garten. Sie zeichnet mit Filzstiften eine Tür und zwei Fenster auf ein ausgeblasenes Ei. Sie bastelt ein Dach aus rotem Buntpapier. Etwas schwarzes Papier rollt Conni zu einem Schornstein. Einen Rest Watte steckt sie als Rauch in den Schornstein.

Das Haus setzt sie in den grünen Garten auf der Fensterbank. Und zum Abendbrot gibt es für Mama und Papa und Jakob und Conni ein Butterbrot mit Kresse aus Connis Ostergarten.

Heute ist der Samstag vor Ostern! Am Morgen zieht Conni mit Papa den Bollerwagen mit den Zweigen zum großen Platz am See. Hier wird am Abend das Osterfeuer sein.
Alle wollen hingehen – auch Connis Freundin Anna und ihr Freund Simon.

Endlich wird es Abend und sie können zum Osterfeuer gehen. Aufgeregt hüpft Conni neben Mama und Papa her. Anna und Simon sind auch dabei. Selbst Jakob nehmen sie im Buggy mit, obwohl der schon ganz müde ist. Viele Leute warten schon auf das Osterfeuer. Ein riesiger Berg aus Ästen und Zweigen ist am See aufgestapelt. An einer Stelle ist Stroh aufgeschichtet. Langsam wird es dunkel. Ein Feuerwehrmann zündet das Stroh mit einer Fackel an.

Alle Leute klatschen. Bald brennt der ganze Holzstoß. Das Feuer knistert und knackt. Es ist so heiß, dass man gar nicht nahe herangehen kann. Connis Kopf ist ganz rot von der Hitze. Dicke Rauchwolken steigen in den Himmel und über den Flammen flimmert die Luft. Conni rennt mit Anna und Simon um das Feuer herum.

Manche Stellen sind noch nicht angebrannt. Mit einem Mal bleibt Conni stehen. „Da, ein Hase!", ruft sie. Tatsächlich, im Holzhaufen sitzt ein kleiner dunkler Hase und duckt sich ängstlich. Wegen der vielen Leute traut er sich nicht aus seinem Versteck. Er wird verbrennen, wenn ihn niemand rettet!

Aufgeregt läuft Conni zum Feuerwehrmann und erzählt ihm, was passiert ist. Der Feuerwehrmann holt den Hasen mit seinen dicken Handschuhen aus dem heißen Holzstapel. Er setzt ihn auf das Gras. Viele Kinder stehen im Kreis darum herum. Ängstlich hockt das Häschen dicht an den Boden gedrückt und rührt sich nicht. Ist es tot? „Wir müssen es begraben", meint Simon. „Spinnst du?", fragt Conni. „Wenn das der Osterhase ist!"

Plötzlich beginnt sich der Hase zu regen. Er hoppelt vorsichtig und ist dann schnell im Gebüsch verschwunden.
Er lebt! Conni ist glücklich. Jetzt hat sie erst mal Hunger und Durst. Papa kauft allen eine Bratwurst und Limonade.
Das schmeckt!

Bald ist das Feuer klein geworden. Ein Feuerwehrmann schiebt mit einem Radlader die Reste zusammen. Conni will bis zum Schluss bleiben. Aber Papa und Mama meinen, dass Conni jetzt ins Bett muss. Jakob ist schon lange im Buggy eingeschlafen. Auch Simon und Anna gehen mit ihren Eltern nach Hause.

Zu Hause merkt Conni, dass sie nach Rauch riecht. Viel mehr, als wenn sie Opa besucht hat, der immer so viele Zigaretten qualmt. Dann liegt sie lange wach. Zu aufregend war das heute. Ob der Hase vom Osterfeuer wirklich ein Osterhase war? Schließlich schläft Conni ein. Im Traum hoppelt sie als Osterhase herum und versteckt Eier.

Am nächsten Morgen wacht Conni ganz früh auf. Schnell weckt sie Papa, Mama und Jakob. Noch vor dem Frühstück laufen die Kinder in den Garten und suchen Ostereier.

Conni findet diesmal ganz besonders viele:
Schokoladeneier, Marzipaneier, Zuckereier und
einen Osterhasen.

Im Vogelhäuschen steht sogar ein ganzes prall gefülltes Osternest. Es riecht ein bisschen nach Rauch. Deshalb ist Conni jetzt ganz sicher, dass es wirklich der Osterhase war, den sie gestern gerettet hat.